AF453571

TRAITÉ

ABRÉGÉ DE

LA DANSE,

Qui contient les premiers principes de l'Art, la maniere de marcher, se présenter & saluer avec grace, la façon de danser le Menuet comme il se danse aujourd'hui, les différens Pas & Figures des Contre-danses en usage.

Ouvrage utile aux jeunes personnes qui désirent se perfectionner en cet Exercice.

Par le Sr. JOSSON l'aîné, Maître à danser de l'Académie Royale établie à Angers pour les Exercices du corps.

A ANGERS,

Chez A. J. JAHYER, Libraire-Imprimeur du Roi, ruë S. Michel.

AVEC PERMISSION. 1763.

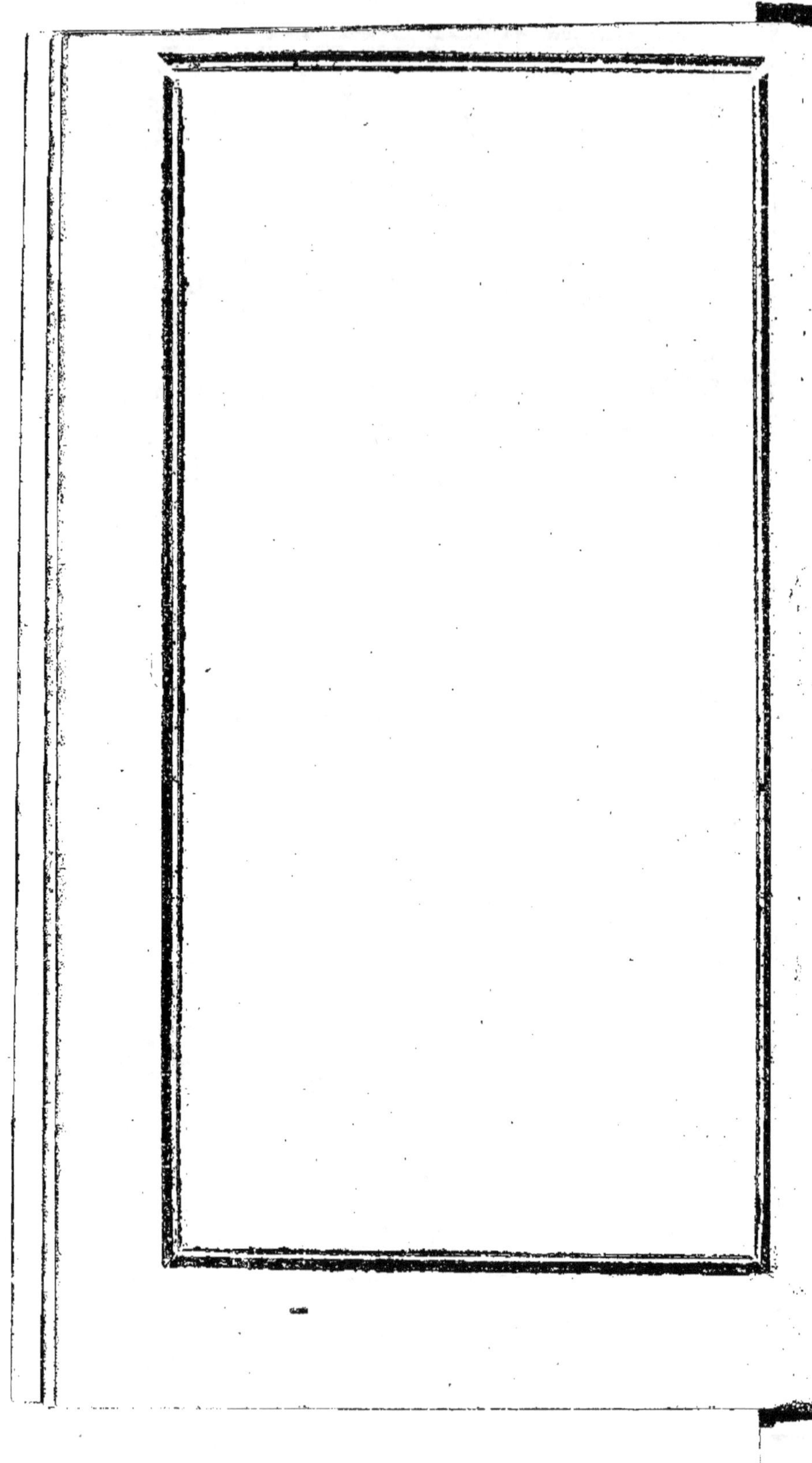

A MONSIEUR

DE PIGNEROLLE,

ÉCUYER DU ROI,

A L'ACADÉMIE ROYALE

D'ANGERS.

ONSIEUR,

L'avantage de contribuer aux exercices des jeunes Seigneurs tant François qu'Etrangers qui, sous votre Direction, sont confiés

aux soins des Maîtres attachés à cette Académie, est un motif suffisant pour les exciter à rendre facile, autant qu'il est possible, l'intelligence de leurs leçons. C'est aussi cette considération qui m'a fait entreprendre ce petit Traité. Je suis persuadé qu'à ne considérer que la médiocrité du sujet & la petitesse du volume, il ne pourroit avoir un bon accueil du Public ; mais sous vos auspices il sera reçu favorablement. L'honneur d'être décoré de votre nom lui donnera du mérite, & prouvera l'attachement respectueux avec lequel j'ai l'honneur d'être,

MONSIEUR,

Votre très-humble Serviteur, JOSSON l'aîné.

AVANT-PROPOS.

EPUIS long-tems la
Danfe eft regardée par-
mi les Nations les mieux
policées, comme un des
plus nobles & des plus utiles exercices du corps ; auffi les Maîtres
dépofitaires des régles de l'Art
ne peuvent trop s'appliquer à en
foutenir les prérogatives. Il eft
donc de leur devoir de mettre au
jour leurs obfervations fur fes régles & principes pour le conduire
à fa perfection, ou tout au moins
pour le faciliter à ceux qui ont
reçu de la nature le goût & les
difpofitions néceffaires pour y faire
des progrès.

AVANT-PROPOS.

Le Sieur RAMEAU, Maître à danser a donné en 1725 uu Livre intitulé, *Le Maître à danser*, *qui enseigne la maniere de faire tous les pas de Danse dans la régularité de l'Art.* Depuis l'impression de ce Livre, on n'ignore pas qu'il s'est fait des changemens en cet Art, comme en tous les autres. Depuis plus de vingt ans que je l'exerce, j'ai éprouvé ces changemens, mais avec d'autant plus de plaisir qu'ils tendoient à la perfection où l'on peut dire qu'il est parvenu. Enfin pour remplir l'obligation que j'ai contractée en entreprenant cet Ouvrage, je me suis appliqué à recueillir ce que j'ai trouvé de meilleur chez les Maîtres les plus célébres, & j'ose espérer que les Amateurs recevront favorablement ce fruit de mes recherches dans un Art qui fait partie de la belle éducation. Dans le Livre ci-dessus cité, l'Auteur a donné la maniere de faire plusieurs pas de Danses qui ne font plus d'usage dans les Bals, puis-

AVANT-PROPOS.

qu'on n'y danſe que le Menuet &
des Contre-danſes ; c'eſt ce qui m'a
obligé à ne parler dans ce Traité
que de ces deux ſortes de Danſes ,
m'étant ſur tout appliqué à rendre
le Menuet le plus parfait qu'il eſt
poſſible , & tel qu'il ſe danſe aujourd'hui orné de pluſieurs pas qui
n'en diminuent point la gravité ni
la nobleſſe.

Tout mon but en cet Ouvrage
eſt de donner à la jeuneſſe une
petite théorie de cet Art, laquelle
jointe à la pratique par le ſecours
d'un Maître éclairé , pourra faciliter & même accélérer les progrès
en cet exercice.

TABLE
DES CHAPITRES
Contenus dans ce Traité.

CHAP. I. *De la maniere de placer le Corps, & des différentes politions des Pieds,* page 7.

Chap. II. *De la maniere de marcher,* 11.

Chap. III. *Des différentes Révérences,* 13.

Chap. IV. *De la maniere d'ôter & remettre le Chapeau.* 20.

Chap. V. *Du pas de Menuet,* 23.

Chap. VI. *De la maniere de préfenter la Main,* 31.

Chap. VII. *De la Mefure,* 35.

Chap. VIII. *Des différens pas dont on peut orner le Menuet,* 38.

Chap. IX. *De ce qui concerne le maintien des Femmes dans la maniere de marcher & faluer,* 55.

Chap. X. *De la maniere de fe préfenter dans une Salle,* 58.

Chap. XI. *De la maniere de placer les bras pour danfer le Menuet en Femme, des différens effacemens d'épaules & tours de tête qu'il faut obferver en cette danfe,* 64.

Chap. XII. *De la maniere de préfenter la main en danfant le Menuet en Femme,* 70.

Chap. XIII. *Du pas de Contre-danfes,* 74.

Chap. XIV. *De l'explication des termes qui défignent les figures de Contre-danfes,* 82.

Fin de la Table.

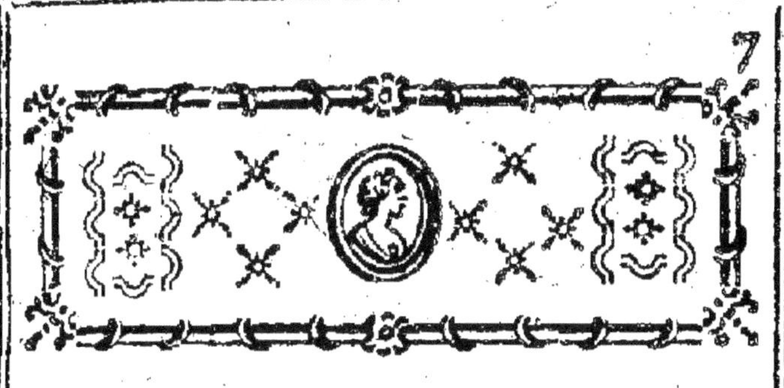

TRAITÉ
DE LA
DANSE.

CHAPITRE Ier.

*De la maniere de placer le Corps,
& des différentes positions des
Pieds.*

OMME pour bien marcher & danser le tout dépend des bons commencemens, & que c'est aux Maîtres à les donner, aussi dans ce Traité ; je me représente donner leçon à un de mes Ecoliers, & je commence par lui faire placer le Corps de la maniere suivante.

A

Pour avoir l'air aifé & gracieux, il faut avoir la tête droite fans affectation ni fans paroître gêné, les épaules en arriere, les bras placés à côté de foi en leur longueur fans être roides, les mains ni ouvertes, ni fermées, la ceinture ferme, le corps appuyé fur les hanches, les jambes tendues & les pieds en dehors. Le corps ainfi placé, avant de faire marcher ni danfer mon Ecolier, je crois qu'il eft néceffaire de lui apprendre les différentes pofitions en lefquelles on peut fe trouver étant de bout. Je dirai donc qu'il y a cinq pofitions ou différentes manieres de placer les pieds pour former chaque pas de danfe, marcher, faire la révérence, tant de danfe que pour faluer, foit en entrant ou en fortant, foit en paffant devant quelqu'un. Toutes ces Révérences font différentes les unes des autres : c'eft ce qu'on expliquera dans fon lieu.

La premiere pofition fe fait en

plaçant les talons l'un joint à l'autre, ayant les pieds tournés en déhors & les jambes tendues.

La seconde se fait en éloignant les pieds sur une même ligne à la distance d'une semelle l'un de l'autre.

La troisiéme se fait en plaçant le talon vis-à-vis la boucle, les pieds étant bien joints ; c'est ce qu'on appelle emboëté.

La quatriéme se fait en plaçant le pied en avant à l'étenduë du jarret, le talon vis-à-vis le bout du pied qui est derriere, à la distance d'une semelle.

La cinquiéme se fait en plaçant le talon devant le bout du pied qui est derriere , les tenant bien joints & toujours en dehors. Il faut que le corps soit dans son aplomb en formant chacune des positions qui se font tant d'un pied que de l'autre ; elles sont égales pour les Femmes & pour les Hommes.

Il y a deux tems par position.

Le premier se fait en levant le pied pour le faire passer d'une position à une autre. Le second se marque en appuyant le pied à terre à la fin de la position.

Il y a aussi deux mouvemens par tems, ce qui en fait quatre par position. Le premier se fait en soulevant le talon, le second en levant tout-à-fait le pied, le troisiéme en appuyant le bout du pied à terre étant passé à la position, & le quatriéme se fait en posant le talon à terre. Il faut observer que ces mouvemens doivent être presque imperceptibles & faits avec beaucoup de legereté.

Il faut posséder les positions avant de passer outre, parce que les pas de danse, la maniere de marcher & saluer en dépendent. C'est donc par où il faut commencer ; mais c'est ce qui n'est pas exactement observé de la plufpart des Maîtres de Province, & ce qui occasionne le peu de progrès que font les personnes qui sont

confiées à leurs foins. Dèfqu'on
fera fûr des principes, avec un
peu d'attention aux leçons d'un
bon Maître, on acquérera bien-
tôt cet air naturel & aifé qui eft
le vrai point de perfection fi dé-
firé dans la maniere de marcher,
fe préfenter, faluer & danfer
avec grace.

CHAPITRE II.

De la maniere de Marcher.

TOut le monde marche, mais
peu de gens marchent bien. Il
ne fuffit pas pour marcher, de porter un pied devant l'autre, il faut
encore fçavoir obferver l'égalité
des diftances qui doivent fe trouver entre chaque pas & fçavoir
foutenir le corps dans un jufte
équilibre. Pour bien marcher, il
faut porter chaque pas à la quatriéme pofition, foutenant le cou

du pied élevé , la pointe baſſe ,
le mouvement des jarrets moëlleux , & ne point appuyer le talon à terre avant le bout du pied.
En portant une jambe en avant,
il faut ſoutenir le corps ſur les
hanches & s'appuyer ſur la jambe qui ſe trouve derriere , évitant
de faire aucun mouvement du
corps , & ne point trop précipiter
ſes pas en marchant.

Ces mêmes régles doivent être
obſervées tant par les Hommes
que par les Femmes , mais comme
le maintien des dernieres eſt différent , on trouvera dans le IX.
Chapitre ce qui les regarde.

CHAPITRE III.

Des différentes Révérences.

LA Révérence est une marque de politesse & de civilité : On la fait en plusieurs occasions, comme en rencontrant quelqu'un, en entrant dans un Appartement, ainsi qu'en sortant, avant & après avoir dansé.

Dans le Chapitre précédent j'ai fait voir qu'il falloit marcher à la quatriéme position ; ainsi pour saluer en entrant dans un Appartement, il faut de la quatriéme position derriere couler le pied droit à la quatriéme devant, & aussi-tôt assembler le gauche à la premiere, en faisant une inclination du corps qui ne doit point provenir de la ceinture, mais des reins, soutenant le haut du corps élevé, les jarrets tendus, & re-

mais une seulement pour plusieurs
qui se trouvent placées assez près
les unes des autres, & marcher
quelques pas entre chaque Révérence qu'on doit faire à droit &
à gauche, sans tourner le dos à
personne, c'est-à-dire, qu'il faut
qu'elles soient faites un peu de côté.
Quand on est rendu au lieu où
l'on doit prendre sa place, il faut
avant de s'asseoir, saluer les personnes qui sont placées auprès de
soi. Cette Révérence se fait en
éloignant un pied à la seconde
position, & tirant l'autre à la troisiéme derriere. Il faut en faire
autant d'un côté que de l'autre,
s'il s'y trouve quelqu'un placé.

Lorsqu'on veut se retirer, il faut
saluer de la même maniere qu'on
a fait en entrant, c'est-à-dire,
à droit & à gauche, de distance
en distance, jusqu'à ce qu'on
soit rendu au bas de la Salle : Là
on se tourne devant la Compagnie, & on éloigne le pied droit
à la seconde position, & on tire

le gauche à la troisiéme derriere en s'inclinant ; Etant relevé, on en fait autant du côté gauche.

La Révérence qu'on fait en rencontrant quelqu'un, se doit faire comme celle de la Salle, à la troisiéme position devant, lorsqu'on l'a fait en passant ; mais quand on s'arrête, après avoir coulé un pied à la quatriéme position, il faut assembler l'autre à la premiere, ensuite on fait une inclination du corps. Si on aborde plusieurs personnes ensemble, on doit les saluer d'un côté & de l'autre, de la maniere qu'on l'a expliqué ci-devant.

La Révérence qui se fait avant & après avoir dansé, différe de celles dont on vient de parler, en ce qu'elle est plus composée. On y employe les cinq positions.

Premierement, le pied droit doit être placé à la troisiéme position devant le gauche, de là il faut l'éloigner à la seconde en soutenant le corps appuyé sur le côté droit, on tire ensuite le pied gauche à la troisiéme position derriere en s'inclinant. Il faut sçavoir que cette Révérence se fait pour saluer les personnes devant lesquelles on danse. S'étant remis en sa premiere attitude, il faut avancer le pied droit à la quatriéme position ; ensuite se tournant devant la personne avec laquelle on danse, il faut porter le pied gauche à la cinquiéme devant, avec cette différence que le talon ne doit pas être joint au bout du pied droit, mais à la distance d'une demie semelle, & se tournant sur le bout des deux pieds, il faut se trouver à la premiere position : de là on coule le pied gauche à la seconde, & on tire le droit à la troisiéme derriere en s'inclinant. Cette derniere Révérence se fait pour saluer la personne avec laquelle on danse.

On fait aussi la Révérence de Danse de la maniere suivante, mais je ne l'enseigne pas d'ordinaire aux commençans, attendu qu'elle paroît plus embarassante que celle dont je viens de donner l'explication. Pour la faire selon les régles de l'Art, il faut se placer à la troisiéme position le pied droit devant ; de là on le coule à la seconde, & en s'inclinant on rapproche le gauche à la premiere, en se relevant on le coule à la quatriéme derriere, & on retire aussi-tôt le droit à la troisiéme devant, sans faire aucun mouvement du corps. La seconde partie de cette Révérence se fait en coulant le pied droit à la quatriéme position devant le gauche, & on porte le gauche à la cinquiéme aussi devant, mais sans le joindre qu'à la distance d'une demie semelle, & on se tourne sur le bout des deux pieds pour se trouver à la premiere position ; de là on coule le pied gauche à la seconde position, & s'étant appuyé dessus, on s'incline en retirant le droit à la premiere, & se relevant on le fait passer à la quatriéme derriere, & on retire le gauche à la troi-

fiéme devant, pour finir cette Révérence.

Tous les mouvemens qui se font
en passant d'une position à une
autre doivent être faits avec grace
& legereté ; ce qui ne peut s'acque-
rir qu'en pratiquant ce qui suit.
Lorsqu'on fait passer un pied d'une
position à une autre, il faut que
le corps soit appuyé sur la jambe
qui n'agit point, que les mouvemens soient moëlleux tant du jarret que du cou du pied. Quand
on tire le pied à la troisiéme position soit devant, soit derriere,
il faut le faire lentement, en soutenant le cou du pied élevé, &
la pointe basse. La même régle doit
s'observer en formant chaque pas
de menuet.

Comme la maniere d'ôter &
remettre le chapeau est une des
parties de la Révérence, on trouvera dans le Chapitre suivant la
maniere de le faire avec grace.

CHAPITRE IV.

De la maniere d'ôter & remettre le Chapeau.

IL y a trois tems pour porter la main au Chapeau, & autant pour l'ôter de deſſus la tête ; ce qui en fait ſix.

LE PREMIER tems ſe fait en levant le bras à moitié.

LE SECOND, levant le coude à la hauteur de l'épaule, & la main à la hauteur des yeux.

LE TROISIÉME, portant la main au Chapeau.

LE QUATRIÉME tems ſe marque en levant le Chapeau, & tenant le coude un peu plié & ſoutenu à la hauteur de l'épaule.

LE CINQUIÉME, en étendant le bras en ſa longueur.

LE SIXIÉME tems ſe marque en laiſſant tomber le bras perpendiculairement à côté de ſoi, & la main tournée en dehors.

On se sert des mêmes tems
pour remettre le Chapeau. Ils ne
doivent point être marqués avec
affectation , tant en l'ôtant qu'en
le mettant, mais au contraire d'un
air aisé , & pour bien dire imperceptiblement. Il faut aussi en se
coëffant & décoëffant éviter de se
couvrir le visage de la main ou
du Chapeau. Il ne faut pas non
plus pancher la tête, ce qui seroit
ridicule , il faut au contraire lever
le bras assez haut pour pouvoir
ôter & remettre le Chapeau , sans
pancher ni faire de mouvement
de la tête.

Pour prendre le Chapeau , il
faut avoir le pouce en dehors de
la corniere , le premier doigt sur
la forme , & soutenir le bord des
trois autres doigts qui doivent être
placés les bouts au dedans de la
corniere.

L'usage est de prendre le Chapeau de la main droite ; mais
lorsqu'on passe assez près de quelqu'un qu'on saluë , s'il se trouve

de ce côté, il faut en ce cas le prendre de la main oppofée. Si cette perfonne préfentoit la main & qu'on tint le Chapeau de la droite, il faudroit le changer d'une main en l'autre, attendu qu'on ne préfente jamais la main gauche à perfonne.

Quand on fait la Révérence pour danfer, on tient toujours le Chapeau de la main gauche, & on ne le remet fur la tête, que lorfqu'on a paffé la Danfeufe, c'eft-à-dire, quand on eft rendu au bas de la Salle où on a commencé.

CHAPITRE V.

Du pas du Menuet.

JE pourrois dire à l'égard de cette Danſe, ce que j'ai déja dit de la maniere de marcher. Il eſt peu de perſonnes qui ne danſent le menuet, mais excepté un très-petit nombre, tout le reſte en ignore juſqu'aux moindres principes. Tel qui fait le tour d'une Salle en figurant quelques pas mal formés, croit ſçavoir danſer le Menuet qu'il aura peut-être appris en quinze jours, ou un Mois tout au plus. Pour déſabuſer ceux qui pourroient être dans ce cas, je dirai avec raiſon que cette Danſe étant la plus noble & la plus grave, elle eſt auſſi la plus difficile. On ne ſçauroit l'apprendre trop long-tems pour la pouvoir danſer avec toute la grace qu'elle exige, & dans ſon véritable goût.

Le pas de Menuet eſt compoſé de quatre tems, dont les deux premiers ſe nomment coupés ou coulés : Les deux autres ſoutenus ou marchés. Ces quatre tems réunis ne font qu'un pas de Menuet. Il y a deux ſortes de pas de Menuet, ſçavoir le pas en avant, & le pas de côté.

Le pas en avant ſe fait toujours à la quatriéme poſition, de la maniere ſuivante. Le pied gauche étant placé en avant à la quatriéme poſition, il faut s'appuyer deſſus, & ſoulevant le talon droit, faire couler le pas du bout du pied juſqu'à la quatriéme poſition, qui eſt à l'étenduë du jarret. Il faut en commençant ce pas plier modérément le jarret qui doit s'allonger peu à peu en ſe déployant d'un mouvement moëlleux, à meſure que le pas s'avance vers la poſition, en tenant le cou du pied toujours élevé juſqu'à la fin de ce premier pas. Ce coupé ainſi achevé, il faut s'appuyer ſur le pied droit, & foulevant le talon gauche, plier un peu le jarret pour couler le fecond coupé, auffi à la quatriéme pofition du bout du pied gauche, de la même maniere qu'il eft dit pour le pied droit. Ces deux coupés étant achevés, on marche legerement deux pas auffi à la quatriéme pofition, fans plier, fe foûtenant en équilibre, & s'appuyant fur le pied qui n'agit point, en foûtenant le cou du pied élevé, la pointe baffe, la portant à terre avant le talon; c'eft ce qu'on doit obferver tant en marchant qu'en coulant les premiers pas. Les deux derniers pas qui fe font en marchant, doivent auffi fe rendre à la quatriéme pofition.

Pour former avec grace le pas de Menuet, tant en avant que de côté, les mouvemens ne doivent provenir que des jarrets & du cou du pied, le corps devant être appuyé fur les hanches. Pour faire le premier pas de côté à droit, le

pied gauche étant à la quatriéme
poſition à la fin du dernier pas
en avant, il faut s'appuyer deſſus,
& pliant modérément les jarrets,
on fait couler le pied droit à la
ſeconde poſition, en faiſant face
à la perſonne avec laquelle on
danſe, & effaçant l'épaule droite.
On entend par ces mots, effacer
l'épaule, la tourner du côté où
l'on va, & que la tête ſoit un peu
tournée du côté oppoſé, afin de
regarder toujours ſa Danſeuſe. Ce
premier coupé à droit étant rendu
à la ſeconde poſition, il faut s'appuyer ſur le pied droit, & rapprocher le gauche en le tirant lége-
rement ſur le bout juſqu'à la premiere poſition ſans plier ; de-là,
en pliant modérément, on le fait
paſſer à la cinquiéme derriere le
droit, après quoi on marche un
pas du pied droit à la ſeconde
poſition ſans plier, & un autre
du pied gauche derriere le droit,
à la troiſiéme poſition auſſi ſans
plier. On répéte deux fois ce même

pas à droit. Pour faire le premier pas de côté à gauche, le pied gauche se trouvant emboëté à la troisiéme position derriere le droit, il faut s'appuyer deſſus, & ſoulevant le talon droit, on coule le premier coupé du pied droit à la quatriéme poſition, en pliant un peu le jarret. Ce coupé étant ainſi achevé, on s'appuye ſur le pied droit, on rapproche le pied gauche juſqu'à la premiere poſition ſans plier, & de-là, ſans s'arrêter on le fait couler en pliant juſqu'à la ſeconde ; en ſuite on marche deux pas ſans plier, le premier du pied droit à la cinquiéme poſition derriere le gauche, & le ſecond du pied gauche à la ſeconde poſition. Ce pas ſe répéte auſſi deux fois, avec cette différence, qu'à la ſeconde fois on ne le commence point à la quatriéme poſition, mais à la cinquiéme du pied droit derriere le gauche, & ſe continuë comme il eſt expliqué pour le premier pas.

La figure du Menuet doit être quarrée : elle repréſente un Z. Cette danſe eſt compoſée de deux pas en avant, deux pas de côté à droit , & de deux autres à gauche. Chacun de ces pas contient quatre tems , comme je l'ai expliqué. On peut faire durer le Menuet plus ou moins de tems, ſelon ſon goût, il dépend de la Danſeuſe de l'abréger ou le faire durer plus long-tems ; cependant la véritable régle eſt de faire deux ou trois tours tout au plus avant de préſenter la main, & autant après, enſuite on préſente les deux pour finir.

On doit commencer le Menuet au bas de la Salle, étant placé à la gauche de la Danſeuſe, à quelque diſtance d'elle, ſans la tenir par la main ; on fait la révérence comme on l'a expliqué , enſuite préſentant la main droite, on fait un pas de côté à droit en deſcendant vers le bas de la Salle. On commence ce premier pas en cou-

lant le pied droit à la feconde
pofition , pliant un peu le jarret ;
en fe foutenant fur ce pied , on
retire le gauche jufqu'à la premiere
& on le fait paffer à la cinquiéme
derriere , en pliant les deux jarrets enfemble , enfuite on marche
deux pas fans plier , l'un du pied
droit à la feconde pofition , &
l'autre du pied gauche à la troifiéme derriere , pour de là partir
en avant. On peut auffi , au lieu
de ce pas , commencer le Menuet
par le fuivant : on le commence en
coulant le pied gauche à la quatriéme pofition devant , en pliant
un peu le jarret , enfuite on coule
le droit à la feconde pofition auffi
en pliant , après quoi on retire le
gauche à la troifiéme devant , fans
plier.

Ce pas n'eft compofé que de
trois tems , mais ils équivalent aux
quatre tems ordinaires , en ce
qu'on fe foutient plus long - tems
au dernier. Ce premier pas ainfi
achevé , on conduit la Danfeufe

en lui faifan faire un tour
en avant , pour la rendre à l'endroit d'où on eft parti , & fe
féparant on fait les pas de côté à
droit , & on continue le Menuet,
comme on l'a expliqué.

Il faut obferver qu'on ne doit
point perdre de vuë la Danfeufe ;
ainfi quand on fait les pas de côté
à droit , il faut effacer l'épaule du
même côté, & tourner un peu la
tête du côté oppofé , regardant
la Danfeufe d'un air gracieux. En
revenant à gauche , il faut au
contraire effacer l'épaule gauche &
tourner un peu la tête du côté
droit. En faifant les pas en avant,
il faut effacer l'épaule droite , fur-
tout lorfqu'on paffe vis - à - vis de
la Danfeufe , & tourner la tête
du même côté que l'épaule.

Tous ces mouvemens , tant de
tête que d'épaules , doivent être
faits fans affectation : Il faut auffi
obferver une diftance fuffifante
entre la Danfeufe & foi , afin de
ne pas fe heurter en paffant.

CHAPITRE VI.

De la maniere de préſenter la main.

IL eſt d'uſage que la Danſeuſe préſente la main la premiere. Il y auroit de l'impoliteſſe de la part du Cavalier de la prévenir ſur ce point, attendu qu'elle auroit lieu de croire qu'il s'ennuyroit de danſer avec elle, s'il paroiſſoit avoir un air empreſſé de finir. C'eſt donc à elle à la préſenter, & elle doit le faire en commençant le ſecond pas de côté à gauche. En ce tems le Cavalier la préſente de la maniere ſuivante : Il faut lever le bras droit en trois tems , mais qui ſoient preſque imperceptibles & marqués d'un air aiſé ſans affeſtation.

Le pemier tems ſe marque en éloignant le bras du corps , le

tenant un peu arrondi , la main plus élevée que le coude , & tournée en dehors.

Le second tems se marque en levant le bras à moitié , sans changer la position de la main.

Le troisiéme se fait en levant le bras tout-à-fait , c'est-à-dire , la main à la hauteur de l'épaule & le coude un peu plus bas , tenant néanmoins le bras tendu en sa longueur naturelle , & la main soutenuë & élevée au dessus du poignet : Le bras ainsi levé , on fait un pas de menuet en avant , après lequel on marque encore trois autres tems pour présenter la main.

Le premier se marque en avançant un peu le bras devant le corps , & soutenant la main à la hauteur du coude.

Pour le second tems on baisse un peu le bras en tournant la main du dedans en dehors , sans plier le poignet ; mais que ce mouvement provienne autant du poignet que du coude qui doit se trouver tout-à-fait tendu lorſque le bras eſt en dehors. Ce mouvement du poignet & du coude doit être marqué imperceptiblement.

Le troiſiéme tems ſe fait en préſentant la main & tenant le bras tendu, ſoutenant la main au deſſus du poignet & élevée à la hauteur de l'épaule, le coude un peu plus bas. En cette attitude on conduit la Danſeuſe à l'endroit d'où elle eſt partie, & en ſe ſéparant on fait deux pas de côté à droit, pendant leſquels on baiſſe le bras en l'éloignant un peu du corps, & le tournant en dehors, on le laiſſe tomber lentement à côté de ſoi. Dans le même tems qu'on baiſſe le bras droit, il faut lever le gauche de la même maniere qu'on vient de l'expliquer; le tout avec grace, d'un air aiſé & ſans affectation. Il faut être prêt à préſenter la main gauche à la fin du dernier pas de côté à droit : En ce tems on part en avant, en faifant les pas ordinaires, & ayant donné la main à la Danfeufe, on ne la quitte point que quand elle eft rendue en fa place : enfuite on baiffe le bras gauche, comme on a fait le droit, pour continuer le Menuet.

Quand on a fait deux ou trois tours au plus, la Danfeufe doit préfenter les deux mains : Elle le doit faire à la fin du premier pas de côté à gauche : En ce tems le Cavalier doit lever les deux bras à la fois de la maniere qu'on la expliqué pour chaque bras féparément, obfervant de tenir le bras gauche plus arrondi, & un peu plus bas que le droit, & foutenant les mains élevées au deffus des poignets.

Les bras ainfi placés, on fe fert des mêmes mouvemens déja expliqués pour chaque main féparement. En faifant un pas de Menuet en avant, on s'approche de la Danfeufe en lui préfentant les mains, & fans la quitter on fait

un tour en pas en avant, à la fin
duquel on fait un pas de côté en
descendant vers l'endroit où on
a commencé : Là on finit le Menuet par la révérence que l'on
fait de la même maniere qu'au
commencement.

Il est à observer que la Danseuse doit toujours présenter chaque main séparément , ainsi que
les deux à la fois , du côté où on
a commencé le Menuet ; c'est-à-
dire , au bas de la Salle , attendu
que si elle le faisoit du côté opposé , sur tout pour les deux mains ,
on seroit obligé de faire plusieurs
tours pour se rendre où on auroit
commencé.

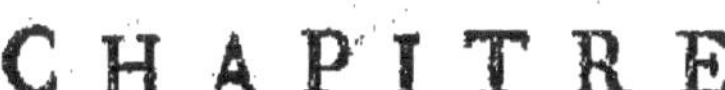

CHAPITRE H.

De la Mesure.

IL est assez difficile de donner
par écrit une explication claire
de la Mesure, si ce n'est aux per-

fonnes qui ont quelque connoiffan-
ce de la Mufique ; ainfi tout ce
que j'en dirai fera fort en abrégé.

Il ne fuffit pas pour bien danfer,
de former les pas felon les régles
que je viens de donner, il faut
encore qu'ils foient faits en mefure.
On entend par danfer en mefure,
un accord qui doit être entre les
différens tems des pas, & le mouvement de l'air qu'on jouë pour
faire danfer. Plus on a l'oreille
délicate, mieux on fent cet accord
qui a un tel afcendant fur nous,
quand une fois l'oreille eft formée,
qu'il eft prefque impoffible de danfer à fauffe mefure. Il faut donc
de l'oreille pour danfer jufte, mais
comme c'eft en quelque forte un
don de la nature, & que les uns
l'ont plus ou moins fine que les
autres, c'eft aux Maîtres à fuppléer
à ce défaut & à la rectifier, en
faifant battre la mefure très-fou-
vent, & la coupant de tems en
tems.

Le pas de Menuet, comme je

l'ai expliqué, est composé de quatre tems. Pour l'exécuter avec
justesse & précision, il faut em-
ployer deux mesures de l'air, com-
posées chacune de trois tems. On
forme le premier coupé dans le
cours de la premiere mesure, parce
qu'il doit être lui seul aussi long
que les trois autres tems ensemble
qui se font dans le cours de la seconde mesure. On continue ainsi
le Menuet jusqu'à la fin.

Outre que l'on doit faire les
pas en mesure, les Hommes doivent encore la marquer des bras
de cette maniere : Les bras étant
placés à côté de soi d'un air aisé,
les mains entr'ouvertes & un peu
en avant. Au commencement de
la mesure, il faut les tourner en
dehors en marquant trois tems,
dont le premier se fait en les éloignant un peu du corps, le second,
les tournant en dehors, & le troisiéme, les laissant tomber en leur
étendue aussi en dehors, observant
en même tems de tourner un peu

les poignets, de dedans en dehors,
d'un air libre & aifé ; enfuite on
les fait revenir d'un feul tems,
en leur premiere attitude devant
foi. Ce mouvement des bras doit
être continué jufqu'à la fin du
Menuet.

Il eft auffi à obferver que les
mouvemens qui fe font en préfentant la main, doivent être faits en
méfure, ainfi que la révérence
qui fe fait tant au commencement
du Menuet qu'à la fin.

CHAPITRE VIII.

*Des différens pas, dont on
peut orner le Menuet.*

QUOIQUE cette Danfe foit
très-grave, on peut cependant l'orner de plufieurs pas,
comme font le Balancé, le Contre-
tems, & autres. Ces différens pas
fe faifant terre à terre, loin de

diminuer la gravité de cette Danse, lui donnent beaucoup de grace
& d'agrément.

Chacun de ces pas n'a précisé-
ment que la valeur d'un pas de
Menuet ordinaire; ainsi quand on
s'en veut servir, il faut retrancher
un pas de Menuet, à la place
duquel on peut substituer un de
ceux-ci.

Le Balancé ne se fait que de
côté, soit à droit, soit à gauche.
Il est toujours précédé, ou suivi
d'un Contre-tems. Pour le faire
du côté droit, il faut couler le
pied droit à la seconde position,
en pliant moëlleusement les jarrets, & s'appuyant sur ce même
pied, rapprocher le gauche à la
premiere position sans plier, le
tirant à soi très-doucement & soutenant le cou du pied élevé &
la pointe basse. De la premiere
position sans s'y arrêter, on le
fait couler en pliant à la quatriéme,
derriere le droit; delà on retire
le droit à la troisiéme position

devant le gauche, sans plier. Ainsi finit le Balancé du côté droit, après quoi on doit faire le Contretems de la maniere qui suit. A la fin du Balancé, le pied droit se trouvant à la troisiéme position devant le gauche, il faut marquer un tems, en pliant & se relevant, sans le déranger de cette position, & soutenant le cou du pied élevé; delà marquant un second tems, en pliant modérement, on le fait couler de la troisiéme position à la quatriéme devant, & s'appuyant dessus, on rapproche le pied gauche à la troisiéme position derriere, sans plier & sans s'y arrêter, s'étant fait toucher les gras de jambes en passant, on coule legerement ce même pied à la seconde position pour finir le Contre-tems qui se fait à droit, à la suite du Balancé.

Chacun de ces pas vaut un pas de Menuet, comme je l'ai déja dit; ainsi quand on veut faire un Balancé du côté droit, il faut com-

mencer par faire un pas de Menuet de ce côté, & substituer un
Balancé à la place du second pas
de Menuet.

Le Contre-tems qui se fait immédiatement après le Balancé,
tient aussi lieu du premier pas de
Menuet pour revenir à gauche;
ainsi on ne doit en faire qu'un
après ledit Contre-tems, & partir en pas en avant pour continuer
le Menuet. Les deux pas dont je
viens de parler, se peuvent trans-
poser, c'est-à-dire, qu'on peut
faire le Contre-tems avant le Balancé, mais en ce cas on change
la terminaison de ces mêmes pas.

Quand on veut faire le Contre-
tems avant le Balancé, dèsqu'on
a fini le premier pas de côté à
droit, le pied droit se trouvant à
la troisiéme position devant le gauche, il faut marquer un tems en
pliant, sans changer de position,
& se relevant, soutenir le cou du
pied droit élevé, pour le couler
d'un mouvement moelleux à la

quatriéme devant, ensuite rapprocher le pied gauche à la troisiéme derriere, en pliant un peu les jarrets, & s'étant fait toucher les gras de jambes, faire passer ce même pied à la troisiéme devant, pour finir le pas. A la fin du Contre-tems, le pied gauche se trouvant à la troisiéme position devant, pour faire le Balancé, il faut marquer un tems en pliant, & couler le pied droit à la quatriéme derriere ; ensuite soutenant le cou du pied gauche élevé, on le retire à la premiere position, & sans s'y arrêter, on le fait couler à la seconde.

C'est ce qui finit le Balancé, après lequel on ne doit faire qu'un pas de côté à gauche, & qui commence du pied droit à la cinquiéme position derriere. On peut aussi faire ces deux pas en venant à gauche. Si on veut commencer par le Balancé, il se fait de la maniere suivante ; après avoir fait le premier pas de Menuet à gauche, il faut plier en coulant le pied droit à la cinquiéme poſition derriere, & s'appuyant deſſus, couler le pied gauche en pliant un peu le jarret à la quatriéme poſition auſſi derriere; enſuite, en s'appuyant deſſus, élever le cou du pied droit en le tirant juſqu'à la troiſiéme poſition devant, pour finir le Balancé à gauche qui tient lieu du ſecond pas de côté.

Après ce Balancé, le Contretems ſe fait de la même maniere que je l'ai expliqué, excepté qu'au lieu de le finir à la ſeconde poſition, on le finit à la quatriéme devant. Il tient lieu du premier pas de Menuet en avant, ainſi on n'en fait qu'un pour traverſer. Si on commence par le Contretems, il ſe fait de cette maniere; après le premier pas de côté à droit, on fait le Contre-tems à l'ordinaire, excepté qu'on le finit à la troiſiéme poſition, le pied gauche devant.

Le Balancé ſe fait en coulant

le droit à la quatriéme derriere, en pliant, & le gauche à la seconde aussi en pliant ; après quoi on fait le dernier pas de côté à gauche pour continuer le Menuet. Au lieu des deux pas de côté à droit, on peut aussi faire les pas ci-dessus de cette maniere ; après le dernier pas en avant, on fait le Contre-tems en allant à droit ; on doit le finir du pied gauche à la quatriéme position devant. Il faut aussi observer d'effacer l'épaule gauche en formant ce pas.

Le Balancé se fait en coulant le pied droit à la seconde position en pliant ; ensuite on passe le gauche à la quatriéme derriere aussi en pliant, & on retire le droit à la troisiéme devant, sans plier ; après quoi on fait les deux pas de côté à gauche, à l'ordinaire.

On peut aussi les faire à la place des deux pas de côté à gauche. Le dernier pas de côté à droit étant achevé, on fait le Balancé qu'on commence du pied droit à la cinquiéme position derriere ; ensuite on coule le gauche à la seconde, & on assemble le droit à la troisiéme devant. Le Contre-tems se fait à l'ordinaire, en le finissant à la seconde position, après quoi on continue les pas en avant.

Ces mêmes pas se font aussi en présentant une main séparément, & les deux à la fois. Pour la main droite, ainsi que les deux mains ensemble, on fait le Balancé du côté gauche ; mais pour la main gauche, on le fait du côté droit. Le Contre-tems se fait toujours de la même maniere, & finit à la quatriéme position devant.

On peut aussi commencer le Menuet par un Balancé, & un Contre-tems, de cette maniere ; à la fin de la révérence, le pied gauche se trouvant à la troisiéme position devant, on marque un tems pour couler ce même pied, en pliant à la quatriéme devant, en présentant la main à la Danfeuse ; enfuite on plie une feconde fois en coulant le pied droit à la feconde , & s'appuyant deffus, on fait un quart de tour pour faire face au haut de la Salle, en affemblant le pied gauche à la troifiéme pofition devant, foutenant le cou du pied élevé & la pointe baffe.

Ce Balancé tient lieu du pas de côté qui fe fait après la révérence. Dès que ce pas eft achevé , on fait le Contre - tems en avant, comme je l'ai expliqué : La Danfeufe faifant la révérence du côté oppofé à l'Homme , le Balancé qu'elle fait immédiatement après fe trouve un peu changé. A la fin de la révérence elle fe trouve à la premiere pofition, ainfi pour faire le Balancé, elle marque un tems en pliant, & coule le pied droit à la quatriéme pofition devant, enfuite marquant un fecond tems auffi en pliant , elle coule le pied gauche à la feconde , & s'appuyant deffus , elle retire le pied droit fans plier pour l'affem-

bler à la troisiéme position devant,
en se tournant vers le haut de
la Salle pour faire le Contre-tems
de la même maniere que l'Homme.

On peut aussi faire un Contre-
tems sans Balancé. Il tient lieu
du second pas de côté a droit,
& se fait de la même maniere
que celui dont on vient de parler,
si ce n'est qu'on le finit à la troisiéme position du pied gauche devant le droit, ayant l'épaule bien
effacée , c'est - à - dire , à demi
tournée sur le côté droit ; ensuite
pour faire le premier pas de côté,
revenant à gauche, il faut marquer un tems en pliant , & se relever sans quitter la troisiéme position, après quoi on coule le pied
gauche à la seconde position en
pliant moëlleusement , de là on
efface l'épaule gauche pour reprendre l'attitude naturelle , &
on marche deux pas de suite,
comme à l'ordinaire. Le second
pas de côté se fait sans aucun

changement. Pour former avec grace ces différens pas , il faut néceſſairement obſerver les effacemens d'épaules , & ſçavoir bien placer la tête.

J'ai déja dit en parlant du Menuet, que faiſant les pas de côté à droit , il falloit effacer l'épaule de ce côté & tourner un peu la tête ſur la gauche ; ainſi en marquant le premier tems du Balancé à la ſeconde poſition du côté droit , il faut reſter en cette attitude , juſqu'à ce que le pied gauche ſoit rendu à la premiere poſition , & quand on le fait paſſer à la quatriéme derriere , il faut effacer l'épaule gauche , & tourner un peu la tête ſur la droite , en regardant la Danſeuſe d'un air gracieux.

Il faut encore conſerver cette attitude en retirant le pied droit à la troiſiéme poſition devant le gauche pour finir le Balancé , mais en faiſant le Contre-tems , ſurtout lorſqu'on aſſemble le pied gauche

de la quatriéme pofition derriere
à la troifiéme , pour le couler à
la feconde , il faut effacer l'épaule
droite , & tourner un peu la tête
à gauche pour reprendre fa premiere atitude.

Il me refte à donner la maniere
de faire les pas de *Marcel*. On
les nomme ainfi du nom du Maître qui les a inventé. Il y en a
de deux fortes. Le premier fe fait
de cette maniere ; le pied droit
fe trouvant à la troifiéme pofition
devant le gauche , à la fin du premier pas de côté à droit , on le
coule à la feconde pofition en
pliant modérément , & s'étant
appuyé deffus ayant le jarret bien
tendu , on foutient le corps fur
la hanche droite , tenant le cou
du pied gauche élevé , & le jarret
gauche auffi tendu : En cette attitude il faut marquer un tems du
jarret droit en pliant & fe relevant , fans faire agir le gauche ,
mais feulement baiffer un peu le
cou du pied en laiffant tomber le

talon, & le relever aussi-tôt sans quitter la seconde position. Ce premier tems ainsi marqué du jarret droit & du cou du pied gauche, il en faut marquer deux autres de la même maniere sans changer de position, mais beaucoup plus précipitamment & sans intervalle.

Ce pas étant achevé, il faut s'appuyer sur le pied gauche, en panchant un peu le corps de ce côté, & se soutenant sur la hanche, on éleve le cou du pied droit, restant toujours à la seconde position ; de là on fait les deux pas de côté pour revenir à gauche, à la maniere ordinaire.

Le second pas de *Marcel* se place différemment. Il se peut faire au lieu du premier pas de côté, en venant à gauche, de cette maniere ; le pied droit se trouvant à la troisiéme position devant le gauche à la fin du dernier pas de côté à droit, il faut marquer un tems en pliant, sans quitter cette position , & effacer l'épaule gauche en se relevant sur le bout des pieds , le corps appuyé sur la hanche droite ; de là on fait passer le talon gauche de la troisiéme position derriere , à la troisiéme devant , sans que le bout des pieds perde terre ; ces mouvemens ne devant venir que des jarrets & du cou du pied. Dès que le pied gauche est passé à la troisiéme position devant , sans s'y arrêter , il faut le couler à la seconde en pliant , & marcher deux pas de suite , l'un du pied droit à la cinquiéme position derriere , l'autre du pied gauche à la seconde , & continuer le second pas de côté à gauche de la maniere ordinaire.

Après avoir donné la maniere de former ces différens pas , je dois aussi apprendre à les placer à propos. Je dirai donc qu'on ne doit point s'en servir à tous instans , mais qu'il faut les entrecouper de pas ordinaires , de la maniere qui suit. On peut se servir du Balancé

& du Contre-tems, en commençant le Menuet à la place du pas
de côté , & du premier pas en
avant que l'on fait après la révérence. On peut aussi faire ces mêmes pas au lieu des pas de côté,
soit à droit, soit à gauche ; observant que quand on les a fait
d'un côté , on ne doit pas les
faire immédiatement après de l'autre. De même , quand on s'est
servi de ces pas à un bout de la
Salle , il ne faut pas les répéter à
l'autre bout , qu'après avoir fait
quelques tours en pas de Menuet.

Il ne faut pas unir un pas de
Marcel à un Balancé ni à un
Contre-tems. Il doit être fait seul
à la suite d'un pas de Menuet. Il
seroit aussi mal placé en donnant
la main.

Quoique j'aye fait voir au sixiéme Chapitre de ce Traité, la
maniere de marquer les mouvemens des bras en donnant la main,
je les répéterai ici pour apprendre
à les marier avec les tems du

Balancé & du Contre-tems. J'ai dit que pour préfenter la main droite, il faut fe fervir du Balancé & Contre-tems qui fe font à gauche; ainfi en marquant le premier tems du Balancé à la cinquiéme pofition, il faut éloigner le bras du corps en le tournant à demi en dehors, & fe relevant fur ce premier tems, il faut lever le bras à moitié, le tenant arrondi; en coulant le pied gauche derriere, à la quatriéme pofition, qui eft le fecond tems, on acheve de lever le bras, c'eft-à-dire, la main à la hauteur de l'épaule, & le coude un peu plus bas, en le tournant en dehors & l'allongeant un peu; de là affemblant le pied droit à la troifiéme pofition devant, on arrondit encore le bras, & on l'avance un peu devant foi, en foutenant la main élevée à la hauteur du coude.

En marquant le premier plié du Contre-tems, il faut auffi marquer une efpéce de Balancé du bras, qui fe fait en le baiffant un peu , & fe relevant fur ce pas, élever en même tems le bras & le tourner en dehors, en coulant le pied droit à la quatriéme pofition devant ; enfuite affemblant le pied gauche à la troifiéme pofition derriere , pour le paffer à la quatriéme devant, il faut allonger le bras en foutenant la main élevée au deffus du poignet, & dans cette attitude , faire un pas de Menuet en avant pour prendre la main de la Danfeufe, en faifant un petit mouvement qui doit provenir autant du coude que du poignet , les tournant du dedans en dehors le plus imperceptiblement qu'il eft poffible.

On obferve les mêmes mouvemens en préfentant la main gauche, & les deux à la fois ; fe reffouvenant de faire le Balancé & le Contre-tems à gauche pour la main droite , ainfi que pour les deux à la fois , & du côté oppofé pour la main gauche.

J'ai détaillé, le plus clairement qu'il m'a été poſſible, ces différens pas & mouvemens des bras ; ce qui m'a engagé en des répétitions dont je n'ai pu me diſpenſer, & qui ſont d'autant plus néceſſaires, qu'elles faciliteront l'intelligence de ces pas & mouvemens aux perſonnes qui ont du goût pour cet exercice.

CHAPITRE IX.

De ce qui concerne le maintien des Femmes, dans la maniere de marcher & ſaluer.

COMME les poſitions ſont égales pour les Femmes & pour les Hommes, je ne les répéterai point ici, on peut les voir au Chapitre premier de ce Traité. Je ne parlerai que de la maniere de placer la tête, les bras & le corps pour marcher & ſaluer avec grace.

Il faut premierement que le corps foit droit fans affectation , étant bien appuyé fur les hanches, la tête haute, les mouvemens du col libres & aifés, le regard gracieux, les épaules baffes & bien effacées, les bras près du corps & un peu en avant, les coudes appuyés fur les hanches, qu'il ne paroiffe prefque point de jour entre les bras & le corps , les mains placées devant foi l'une dans l'autre.

Etant ainfi placée , il faut marcher à la quatriéme pofition , fans faire de mouvement du corps, & s'appuyer fur la partie qui n'agit point ; c'eft-à-dire , que lorfqu'on porte la jambe droite en avant, il faut que la gauche foutienne tout le corps, & par continuation l'une aprés l'autre alternativement. On doit auffi obferver en marchant , d'avoir les pieds tournés en dehors , & en portant chaque pas, foutenir le cou du pied élevé & la pointe baffe , l'appuyant à terre avant le talon.

Pour saluer quelqu'un qu'on rencontre en passant, il faut se placer à la premiere position, & sans se déranger, plier très-bas d'un mouvement uni & sans précipitation, & se relever de la même maniere.

S'il se trouvoit d'un côté & de l'autre plusieurs personnes, en ce cas, après avoir fait la premiere révérence, il faudroit porter à la seconde position le pied du côté opposé aux personnes, & retirer l'autre à la premiere, pour plier & se relever comme la premiere fois, ayant les talons bien appuyés pour éviter de tomber en avant en pliant. On doit toujours regarder d'un air gracieux les personnes qu'on saluë. Il n'y a point deux manieres de marcher, ce doit être toujours à la quatriéme position qui est la véritable distance qu'il faut observer entre chaque pas, & on doit le faire d'un air d'aisance & naturel.

Si on se trouve à la promenade, étant renduë au bout d'une allée ou autre lieu, lorfqu'on veut fe retourner, il faut fe placer à la premiere pofition, & de là continuer fa marche à la quatriéme.

Si on fe trouve dans le cas de faluer, on fait la révérence à droit ou à gauche, felon la place qu'occupent les perfonnes qu'on falue, fi c'eft en paffant, & fi on s'arrête, on en fait trois de fuite. Je vais expliquer toutes ces révérences, en donnant la maniere de fe préfenter dans une Salle.

CHAPITRE X.

De la maniere de fe préfenter dans une Salle.

BEAUCOUP de perfonnes fe trouvent fort embaraffées, lorfqu'elles entrent dans une Salle où il y a grande Compagnie : Elles paroiffent déconcertées & fans maintien, ne fçachant où porter

leurs pas, ni qui faluer les premiers.

Cet embarras provient de ce
qu'on ne les a pas inftruites du
Cérémonial ufité en pareil cas.
Pour obvier à cet inconvenient,
je dirai que lorfqu'on entre dans
une Salle, où il fe trouve une
nombreufe Compagnie, on doit
faire trois révérences. La premiere
fe fait pour faluer les Maîtres de
la Maifon où on eft, la feconde
& la troifiéme, pour faluer la
Compagnie, tant à droit qu'à
gauche.

La premiere de ces révérences
fe fait en entrant, après avoir
marché quelques pas, pour être
à portée d'être vûë de la Compagnie, & de la voir, ne devant
jamais faire de révérences entre
les portes d'un Appartement, mais
en préfence des perfonnes pour
lefquelles on les fait. Ayant marché quelques pas à la quatriéme
pofition, comme je l'ai expliqué
ci - devant, il faut affembler les

deux pieds à la premiere position, & regardant d'un air gracieux les personnes qui sont placées au haut de la Salle, on plie & on se releve lentement, sans faire de mouvement du corps.

Pour faire la seconde révérence, on porte le pied gauche à la seconde position, & on retire le droit à la premiere, en effaçant un peu l'épaule droite, & regardant les personnes qui sont placées de ce côté, on plie & on se releve, comme je l'ai expliqué.

La troisiéme révérence est égale à la seconde, avec cette différence qu'elle se fait du côté opposé. On doit observer de plier les jarrets, dès qu'on se trouve à la premiere position, & de ne faire aucun mouvement du corps, tant en pliant qu'en se relevant.

Ces trois révérences étant faites, on marche quelques pas pour s'aller placer, & en passant on saluë la Compagnie à droit & à gauche, sans se tourner précisement devant les perſonnes qu'on veut ſaluer, mais ſeulement effaçant l'épaule de leur côté, & tournant un peu la tête pour les regarder, le corps devant être placé droit vers le haut de la Salle. Les révérences qui ſe font en traverſant une Salle, ſoit à droit ſoit à gauche, ſe font en éloignant à la ſeconde poſition le pied du côté oppoſé aux perſonnes qu'on ſaluë, & on retire legerement l'autre à la premiere, pour plier & ſe relever, comme je l'ai dit. Ces révérences ſe répetent juſqu'à ce qu'on ſoit rendu à l'endroit où on doit prendre ſa place, en marchant quelques pas entre chacune d'elles.

Avant de s'aſſeoir, il faut encore ſaluer les perſonnes qui ſont placées aux deux côtés de ſoi, de la maniere que je l'ai marqué pour les révérences en paſſant. Lorſqu'on veut ſortir, on en fait autant, & en traverſant la Salle, on ſaluë encore de diſtance en diſtance, d'un côté & de l'autre, juſqu'à ce qu'on ſoit rendu au bas de la Salle ; là ſe tournant devant la Compagnie , on fait encore trois révérences de ſuite, comme en entrant , le tout avec grace, d'un air aiſé & ſans affectation. La révérence qui ſe fait pour danſer, eſt différente de celles dont je viens de parler. Etant placée à la droite de l'Homme , il faut ſe mettre à la premiere poſition, de là couler le pied droit à la ſeconde, & s'appuyant deſſus tirer le gauche à la premiere, en ſoutenant le cou du pied élevé & la pointe baſſe ; enſuite regardant d'un air gracieux la Compagnie pour qui ſe doit faire cette révérence , on plie & on ſe releve, comme il eſt dit.

Cette premiere révérence achevée, on coule le pied gauche à la quatriéme poſition ſans plier, & ſe tournant devant le Danſeur & le regardant , on fait paſſer le pied droit à la ſeconde poſition , &

s'appuyant deſſus , on retire le gauche à la premiere , ſoutenant le cou du pied élevé , juſqu'à ce qu'il ſoit rendu à cette poſition , après quoi on plie & on ſe releve à l'ordinaire. Cette derniere révérence ſe fait entre le Danſeur & la Danſeuſe qui ſe ſaluent réciproquement tant au commencement du Menuet qu'à la fin.

Il ne me reſte rien à dire des révérences , ſi ce n'eſt qu'en les faiſant , il ne faut point s'écarter de cet air libre & aiſé qui fait la baſe des graces qui doivent toujours paroître naturelles & non affectées. Quoique le pas de Menuet ſe faſſe par les Femmes , comme par les Hommes , ſans aucun changement , je répéterai néanmoins la maniere de le faire dans le Chapitre qui ſuit , rapport aux différentes attitudes du corps , & des tours de tête qui en augmentent la grace.

CHAPITRE XI.

De la maniere de placer les bras pour danser le Menuet en Femme, & des différens effacemens d'épaules, & tours de tête qu'il faut observer en cette Danse.

LA grace du Menuet en Femme ne dépend seulement pas de bien former les pas, mais encore de sçavoir placer les bras, effacer les épaules & marquer les tours de tête à propos en formant chaque pas. C'est ce que je me propose de faire connoître dans ce Chapitre & le suivant.

Pour avoir les bras bien placés, il faut qu'ils soient un peu plus en avant qu'en arriere, les tenant allongés sans roideur, & tenant les coins de sa robe du pouce & du premier doigt, à peu près comme si on tenoit une prise

de tabac, tenant ces deux doigts
un peu pliés, n'y ayant que les
bouts qui pincent la robe, tenant
les autres doigts aussi un peu pliés
& placés l'un sur l'autre par étage,
se joignant tous ensemble en forme de patte d'oye, les mains
à demi tournées en dehors,
sans les cacher derriere la robe.
Cette premiere façon de placer
les bras sert pour danser en robe
ronde, mais quand on est en panier, il faut qu'ils soient plus tendus
& plus en avant de la maniere
suivante. Pour placer avec grace
les bras sur un panier, il ne faut
pas que les mains soient posées
directement sur le haut des côtés
du panier, mais un peu en avant,
& qu'il en paroisse au moins cinq
à six pouces de chaque côté au
dessus des mains qui doivent être
à demi tournées en dehors, sans
que les doigts soient cachés, mais
au contraire rangés les uns sur les
autres, comme je l'ai déja dit.
L'étenduë du panier fait que les

bras se trouvent plus éloignés du corps que lorsqu'on est en robe ronde, mais il ne faut pas affecter de les porter au delà de l'étendue dudit panier, les tenant allongés sans roideur. Ayant les bras ainsi placés, & la tête droite sans affectation, on commence le Menuet de cette maniere. Après la révérence faite, il faut lever le bras gauche à moitié de la hauteur de l'épaule, & le tenir un peu arrondi ; ensuite tournant la main en dehors, lever tout-à-fait le bras, c'est-à-dire, la main à la hauteur de l'épaule, & le coude un peu plus bas. Dans cette attitude on coule le pied droit à la quatriéme position devant, en pliant les jarrets d'un mouvement moëlleux, & effaçant l'épaule gauche ; de là s'appuyant sur la jambe droite, on retire le pied gauche à la premiere position, & sans s'y arrêter, on le coule à la seconde en pliant, après quoi on marche un pas du pied droit à la cinquiéme pofition derriere , & un autre à la feconde fans plier , ce qui finit le pas de côté qui fe fait immédiatement après la révérence. A la fin de ce pas il faut encore arrondir le bras & marquer un leger mouvement du poignet & du coude en même tems , les tournant de dedans en dehors pour préfenter la main au Danfeur & partir avec lui en pas en avant , faifant un tour qui ne doit finir que lorfqu’on eft rendu à l’endroit d’où on eft parti , enfuite tendant le bras , on le laiffe tomber négligemment pour reprendre fa premiere attitude. A la fin du dernier pas en avant , le pied gauche fe trouvant à la quatriéme pofition , le corps à demi tourné du côté du Danfeur , & la tête auffi tournée de ce même côté , on commence le premier pas de côté , en coulant le pied droit à la feconde pofition en pliant & en effaçant l’épaule droite , tournant auffi un peu la tête fur la gauche.

Ce premier tems achevé, il faut s'appuyer sur la jambe droite, les jarrets tendus, & soutenant le cou du pied gauche élevé, le rapprocher à la premiere position sans plier, de là le faire couler à la cinquiéme derriere, en pliant, après quoi on marche un au troisiéme tems du pied droit à la seconde position, & le quatriéme du pied gauche à la troisiéme position derriere le droit, le tout sans plier.

Le second pas de côté en allant à droit, se fait de la même maniere, & sans changer d'attitude. En marquant le premier tems du premier pas de côté, pour venir à gauche, qui se coule du pied droit à la quatriéme position en pliant, il faut que le corps reprenne son attitude naturelle, & lorsqu'on coule le second tems du pied gauche à la seconde position aussi en pliant, on efface un peu l'épaule gauche & on marche les deux derniers tems sans changer d'attitude, l'un à la cinquiéme derriere, du pied droit, l'autre du pied gauche à la seconde sans plier; après quoi on efface tout - à - fait l'épaule gauche, & on tourne la tête sans affectation sur la droite, en regardant d'un air gracieux le Danseur qu'on ne doit point perdre de vuë pendant le cours du Menuet.

On doit faire le second pas de côté à gauche, sans changer cette attitude ; mais en faisant le premier pas en avant, il faut reprendre son attitude naturelle , & au commencement du second pas on efface l'épaule droite, en tournant la tête du même côté, après quoi on continuë le Menuet, comme je l'ai expliqué.

Il faut observer que les deux derniers tems du second pas de Menuet en avant, doivent se faire en tournant sur la droite, & effaçant l'épaule gauche il faut tourner la tête du même côté. Quelque simplement que l'on danse le Menuet, on ne doit point omettre les tours de tête ni les effacemens d'épaules, qui étant faits sans affectation rehaussent de beaucoup les graces de la Danseuse.

CHAPITRE XII.

De la maniere de présenter la main en dansant le Menuet en Femme.

C'EST toujours la Danseuse qui doit présenter la main la premiere : Elle le doit faire du côté où on a commencé le Menuet, de cette maniere. Pour présenter la main avec grace, lorsqu'on marque le premier tems du second pas de côté en venant à gauche, il faut éloigner un peu le bras droit du corps, sans que la main change de position ; c'est-à-dire, qu'il faut la tenir comme si elle étoit encore jointe à la robe, ensuite on leve le bras à moitié, le tenant tendu, & en pliant le second tems, on acheve de le lever à la hauteur de l'épaule, en tournant la main un peu plus en dehors à cette hauteur, & le coude un peu plus bas. En cette attitude on marche les deux derniers pas de côté à la fin defquels on allonge encore un peu le bras, le tournant en dehors, & foutenant la main élevée au deffus du poignet. En marquant le premier tems du premier pas en avant, on acheve d'allonger le bras, après quoi faifant le fecond tems en pliant, on avance la main pour la préfenter au Danfeur ; enfuite marquant les deux derniers tems, on tourne la main en dehors. Ce mouvement doit provenir du poignet & du coude à la fois, fans que le refte du bras agiffe, & doit être imperceptible.

A la fin du dernier tems du premier pas en avant, le bras doit être tout-à-fait tendu pour préfenter la main au Danfeur qu'elle ne doit quitter que quand elle eft renduë à

l'endroit où elle a commencé à lever le bras. Il faut qu'il soit à la
hauteur de l'épaule tendu en sa
longueur & la main soutenuë au
dessus du poignet, pendant qu'on
tient celle du Danseur.

Il faut encore observer qu'en
présentant la main droite, on efface l'épaule gauche, & on tourne
la tête sur la droite pour regarder le Danseur. La même chose
s'observe du côté opposé pour
la main gauche. On peut aussi
donner un coup d'œil sur le
bras, en le levant avant de regarder le Danseur ; mais il faut
que ce soit sans affectation. La
même chose se peut faire en bais-
sant le bras, évitant toujours l'air
affecté. Pendant que le bras se
baisse pour reprendre sa position
naturelle, ce qui ne doit être achevé qu'à la fin du premier pas de
côté à droit, il faut que la tête se
tourne sur la gauche, en effaçant
l'épaule droite ; & ayant achevé
le second pas de ce même côté,

on leve le bras gauche pour présenter la main gauche, se servant
des mêmes mouvemens, tours de
tête & effacemens d'épaules que
je viens d'expliquer, pour le bras
droit, en observant de les faire
du côté opposé. Il en faut faire
autant pour les deux mains à la
fois.

J'ai donné au Chapitre huitié-
me, une ample explication des
différens pas dont on peut orner
le Menuet. Comme ils se font tant
par les Femmes que par les Hommes
de la même maniere & sans aucun
changement, il seroit inutile de
les répéter. On peut avoir recours
au Chapitre ci-dessus cité, on y
trouvera la maniere de les faire.

CHAPITRE XIII.

Des pas de Contre-danses.

CES sortes de Danses ne diffèrent entre elles que par les figures. On se sert toujours des mêmes pas pour les exécuter. Tous les pas dont on fait usage dans les Contre-danses, ne sont que *le Balancé*, *le pas de Rigaudon*, *le pas de Gavotte* en avant & en arriere, *les Chassés* de droit à gauche, & de gauche à droit qui sont les mêmes, ainsi que *les Chassés croisés* dessus & dessous, *la Piroüette* à droit & à gauche.

L'exécution de tous ces pas est très-facile, & cependant peu de personnes les font comme il faut, cela sans doute faute de les connoître. Pour en faciliter l'exécution, je donne la maniere de les faire en commençant par le *Balancé* qui fe fait de deux manieres, en avant & de côté.

Pour le faire en avant, étant placé à la premiere ou troifiéme pofition, on marque un tems en pliant, fans changer de pofition, & fe relevant on coule le pied droit à la quatriéme devant, & on affemble le gauche à la premiere fans plier ; enfuite on marque un fecond tems en pliant, & fe relevant on coule le pied gauche à la quatriéme pofition derriere, & on affemble le droit à la premiere.

La feconde maniere de faire le *Balancé*, c'eft de côté, foit à droit foit à gauche, felon le côté où on eft placé dans la Contre-danfe. Pour le faire à droit, étant placé à la premiere ou troifiéme pofition, on plie un tems fans changer de pofition, & fe relevant on coule le pied droit à la feconde, & on affemble le gauche à la troifiéme devant, & là on plie un fecond tems, & fe relevant on coule le pied gauche à la seconde position, & on assemble le droit à troisiéme devant pour finir le pas. Pour le faire à gauche, on commence du côté opposé de la même maniere que je l'ai dit.

Le *Balancé* est presque toujours suivi du pas de *Rigaudon* qui se fait de cette maniere. A la fin du *Balancé*, se trouvant placé à la premiere ou troisiéme position, pour faire le pas de *Rigaudon*, on marque un tems en pliant, sans changer de position, & se relevant, on saute legerement sur le pied gauche en levant le droit en l'air : ensuite le posant à terre, on leve le gauche sans sauter, & l'ayant posé tout de suite à terre, on saute legerement sur le bout des deux pieds à la fois, ce qui termine ce pas qui est composé de quatre tems ; sçavoir, le premier en sautant, le second & le troisiéme sans sauter, levant & posant à terre un pied après l'autre ; le quatriéme en sautant sur le bout des deux pieds à la fois, avec legereté fans faire de mouvement du corps.

Le *Balancé* fe fait fouvent fans pas de *Rigaudon*, & ce dernier fans *Balancé* felon la figure de la Contre-danfe & l'air fur lequel elle eft compofée.

Le pas de *Gavotte* fe fait en avant & en arriere. Il contient quatre tems. Le premier fe fait de cette maniere en avant: Ayant pofé le pied droit à la quatriéme pofition devant, on faute legerement deffus en levant le gauche qu'on fait paffer à la quatriéme auffi devant, mais fans fauter pour marquer le fecond tems. Le troifiéme fe fait en affemblant le pied droit à la premiere pofition fans fauter, & le quatriéme en fautant fur le bout des deux pieds à la fois fans changer de pofition. Pour le faire en arriere, de la premiere pofition à laquelle on eft placé, ayant fait paffer le pied droit à la quatriéme derriere, il

faut fauter deffus en levant le gauche que l'on fait auffi paffer à cette
même pofition, mais fans fauter;
ce qui marque les deux premiers
tems du pas. Le troifiéme fe fait
en affemblant le pied droit à la
premiere auffi fans fauter, & le
quatriéme en fautant fur le bout
des deux pieds à la fois pour finir
ce pas.

Les *Chaffés* fe font de côté,
de droit à gauche & de gauche
à droit : Ils ne contiennent que
deux tems chacun ; il en faut toû-
jours faire trois de fuite d'un côté
comme de l'autre. On les commence de cette maniere. Si on
veut chaffer du côté droit, ayant
éloigné le pied droit à la feconde
pofition, il faut plier, &, en fe
relevant, porter le pied gauche
en fautant à la troifiéme pofition
derriere qui fait par fon approche
éloigner le droit à la feconde fans
fauter. Ce pas, comme je l'ai
marqué, ne contient que deux
tems, dont le premier fe fait en

sautant sur un pied à la troisiéme position derriere, & le second en portant l'autre pied à la seconde sans plier ni sauter. On en fait trois de suite, à la fin desquels on fait souvent un pas de *Rigaudon* ou une *Piroüette*, selon la figure de la Contre-danse.

A la place des simples *Chassés*, on peut faire des *demi-Coupés* qui ne sont composés, ainsi que les premiers, que de deux tems chacun. On les commence de cette maniere ; pour les faire en allant à droit, de la premiere ou troisiéme position à la quelle on se trouve, il faut en sautant porter le pied droit à la seconde position, & assembler pour le second tems le pied gauche à la troisiéme derriere sans sauter. On en fait toujours trois de suite : Le second commence comme le premier, c'est-à-dire, que pour marquer le premier tems du second pas, on porte le pied droit en sautant à la seconde position ; mais pour marquer le fecond tems, il faut porter le pied gauche fans plier ni fauter à la troifiéme pofition devant. Le troifiéme pas fe fait comme le premier fans aucun changement. Pour faire ces pas du côté oppofé, il faut changer de pied pour commencer le pas, c'eft-à-dire, que pour aller à droit, on part du pied droit, & pour aller à gauche, on part du pied gauche.

La *Piroüette* ne différe du pas de *Rigaudon* qu'en ce que ce dernier fe fait toujours en face, & l'autre en tournant foit à droit, foit à gauche : L'un comme l'autre ne contient que quatre tems. Pour faire la *Piroüette* à droit, il faut fauter fur le pied gauche en faifant un quart de tour, & pour achever le demi-tour, marcher un pas du pied droit à la quatriéme pofition en avant, fans plier ni fauter. Le troifiéme tems fe fait en marchant & affemblant le pied gauche à la premiere pofition pour achever le tour. Le quatriéme tems qui finit le pas se fait en sautant sur le bout des deux pieds à la fois. Pour faire ce pas du côté gauche, il faut le commencer par le pied droit, & le continuer, comme il est expliqué pour le côté opposé.

Voilà quels sont les pas dont on se sert dans les Contre-danses, mais les Cavaliers qui ont de la jambe peuvent selon leur goût en faire d'élevation tels que sont *l'Entre-chat*, *le Sissonne brisé*, *les Jettés - battus*, *les demi Contre-tems*, &c. Il ne s'agit que de les placer à propos. Les Maîtres desquels on apprend, doivent enseigner la maniere d'en faire usage.

Les Contre-danses, comme je l'ai dit, ne différent l'une de l'autre que par les figures. Pour en faciliter la connoissance, on trouvera au Chapitre suivant l'explication des termes dont on se sert pour les désigner.

CHAPITRE XIV.

De l'explication des termes qui désignent les figures des Contre-danses.

CE qui empêche l'exécution de presque toutes les Contre-danses, c'est le défaut de connoisfance qu'on a des termes qui en désignent les figures. Pour obvier à cet inconvenient, j'expliquerai chacun de ses termes en particulier.

Il y a des figures qui sont communes à presque toutes les Contre-danses, & que l'on connoît ; comme *le grand Rond* en commençant, *la main droite & la main gauche séparément*, *les deux mains*, *le Moulinet des Dames*, *le Moulinet des Cavaliers*, *le Rond des Dames*, *le Rond des Cavaliers*, *l'Allemande*, *& le grand Rond* pour finir.

Chacune de ces figures marque

les différens couplets des Contre-
danſes exécutés dans le cours de
l'air entier. Outre ces figures communes, il y en a beaucoup d'autres qui diſtinguent chaque Contre-
danſe.

Le nombre de ces ſortes de
Danſes s'eſt tellement multiplié
que ce ſont preſque toujours les
mêmes figures qu'on employe dans
leur compoſition en les tranſpo-
ſant, c'eſt-à-dire, que ce qui ſert
au commencement de l'une, on
le fait ſervir ſoit au milieu ſoit à
la fin de l'autre. Pour donner
l'explication de celles qui ſont en
uſage, je commence par le terme
de

Deux vis - à - vis.

On entend par ce terme quatre
figurans, c'eſt-à-dire, deux Dames
& deux Cavaliers en face dans la
poſition ordinaire de la Contre-
danſe ainſi que ſur les deux lignes
où le même nombre de figurans
ſe trouve.

Chaîne de huit.

Pour exécuter cette figure, les Cavaliers donnent la main droite & la main gauche alternativement aux Dames, faisant un tour entier comme au *grand Rond* ordinaire d'une Contre-danse pour revenir chacun à sa place, les Cavaliers allant par la droite, & les Dames par la gauche.

Chaîne de deux vis-à-vis en avant.

Les Dames commencent cette figure en se donnant la main droite, & font un demi-tour pour donner la main gauche aux Cavaliers de leur *vis-à-vis* avec lesquels elles font un tour entier ; après quoi se donnant encore la main droite, elles font un autre demi-tour pour finir cette figure, en donnant la main gauche chacune à son Cavalier & faisant un tour entier avec lui.

Chaîne quatre par quatre sur les côtés.

Pour exécuter cette figure, deux

Dames *vis-à-vis* donnent la main droite aux Dames qui font de l'autre *vis-à-vis*, & prennant la main gauche des Cavaliers, font un tour avec eux : Ces mêmes Dames fe reprennent la main droite, & donnent la main gauche à leurs Cavaliers en tournant un tour avec eux pour revenir chacun à fa place. Ce font les Dames qui commencent cette chaîne : Les Cavaliers reftent toujours en leur place, fi ce n'eft qu'ils font un tour en donnant la main gauche alternativement aux deux Dames.

Chaîne deux par deux.

L'exécution de cette figure eft que les Cavaliers doivent toujours tenir leurs Dames par les deux mains pendant le tems de la chaîne. Deux *vis-à-vis* prennent la place des deux autres qui font fur leur droite, & là tous huit font un pas de *Rigaudon* ou un tour des deux mains chacun avec fa Dame ; conféquemment les deux autres *vis-à-vis* prennent la place des deux *vis-à-vis* qui font fur leur gauche , & font la même figure tous huit enfemble ; ainfi deux *vis-à-vis* vont aux quatre places par la droite , & les deux autres par la gauche. Comme à chaque changement de place on fe croife en paffant, les deux *vis-à-vis* qui dans un changement paffent par devant , doivent à l'autre changement paffer par derriere.

Cette chaîne fe fait auffi fans pas de *Rigaudon* ni tour des deux mains , felon la figure de la Contredanfe & l'air fur lequel elle eft compofée.

Demi-tour de chaîne fur la droite,
autant fur la gauche.

Pour exécuter cette figure , tous huit partent enfemble , les Cavaliers par la droite , & les Dames par la gauche, en faifant un demi-tour de la chaîne de huit , après quoi ils reviennent fur leurs pas par la même chaîne pour fe rendre à leur place.

Chaîne en lacs d'amour.

Cette chaîne se fait comme si on chassoit croisé dessus & dessous, si ce n'est que les Cavaliers passent devant leurs Dames en commençant, & au lieu du pas de *Rigaudon*, on tourne dos à dos aux quatre coins deux par deux Cavalier & Dame ; ensuite les Cavaliers passent par derriere leurs Dames & vont tourner dos à dos avec les Dames qui sont aux coins sur leur gauche, & tous reviennent à leur premiere place , comme dans la figure ci-dessus.

J'ai parlé du *Chassé-croisé*, il est à propos d'expliquer les deux espéces de *Chassés*. On entend par *Chassé-croisé* de passer en chassant d'un côté à l'autre à la place de la Dame de quelque sens qu'on le prenne soit avec sa figurante ou celle de son *vis-à-vis*. Le *Chassé ouvert* se fait en se séparant de la Dame.

Demie Chaîne en avant.

L'exécution de cette figure est

que deux Dames *vis-à-vis* se donnent la main droite en faisant un
demi-tour, & donnent ensuite la
main gauche aux Cavaliers qui
font leur *vis-à-vis*, tournent un
demi-tour avec eux & y restent.

Demie chaîne sur les côtés.

Pour l'exécuter, deux Dames
vis-à-vis donnent la main droite
aux Dames qui font sur les côtés,
& la main gauche aux Cavaliers
de ces mêmes côtés, tournent avec
eux un demi-tour & y restent.

Changement de place en avant.

Ce changement se fait différemment selon la figure de la Contre-
danse. Par exemple, les Cavaliers
présentant la main droite aux Dames de leur *vis-à-vis*, changent
de place ensemble, c'est-à-dire,
que les Cavaliers prennent celle
des Dames, & les Dames celle
des Cavaliers. Le second changement de place se fait de Dame
à Dame, & de Cavalier à Cava-

lier, selon la figure de la Contredanse ; ainsi lorsqu'il est marqué, deux Cavaliers changent de place, se donnent la main, & faisant un demi-tour prennent la place l'un de l'autre. Les Dames en font autant quand la figure de la Contre-danse l'exige.

Changement de place
sur le côté.

Il se fait aussi de deux manieres. La premiere est que les Cavaliers tenant leurs Dames par la main, tous huit font un quart de tour soit par la droite soit par la gauche, selon ce qui est marqué dans la figure ; ainsi tous huit se trouvent avancés d'une place sur les côtés. On fait quelquefois les quatre places de cette maniere en ajoûtant un pas de *Rigaudon* à chaque place, sans lequel cette figure se nommeroit un tour de course ou promenade. La seconde maniere de faire ce changement, est que tous huit faisant un *Chassé-croisé* passent d'un coin à l'autre foit en faifant le tour entier & à chaque coin un pas de *Rigaudon*, ou revenant du premier coin tout de fuite à fa place.

Quarré de huit en avant.

Pour former cette figure, il faut que les huit figurans partent enfemble de cette maniére : Deux *vis-à-vis* vont en avant, pendant que les deux autres s'écartent faifant un *Chaffé ouvert*. Les deux Cavaliers *vis-à-vis* prennent les deux Dames de leur *vis-à-vis* par les deux mains pour aller à la place des deux autres *vis-à-vis* qui en ce même tems vont en avant; les deux premiers quittant leurs Dames reculent en faifant un pas de Gavotte en arriere , pendant que les deux autres *vis-à-vis* tenant leurs Dames par les deux mains entrent au milieu : Les deux premiers fe rapprochent de leurs Dames , pendant que les deux autres reculent pour fe trouver tous huit à leur place.

Quarré sur les côtés.

Ce quarré se fait quatre par quatre , les Cavaliers tenant leurs
Dames par les deux mains. Deux
vis-à-vis vont prendre la place de
ceux qui sont sur leur droite , &
reviennent ensuite à leurs places,
après quoi tenant toujours leurs
Dames , ils vont prendre la place
de ceux qui sont sur leur gauche ,
& reviennent à la leur ; ainsi deux
vis-à-vis commencent par la droite
& les autres par la gauche.

Demi-quarré en avant.

C'est de faire la moitié de ce
qui est marqué pour le quarré en
avant.

Demi-quarré sur les côtés.

C'est aussi de faire la moitié de
ce qui est marqué pour cette figure entiere.

Le Berceau.

Pour exécuter cette figure , les
Cavaliers tenant leurs Dames par
la main s'éloignent d'elles en levant les bras , & les autres figurans passent par dessous soit en

tournant autour d'eux, ou paſſant ſimplement en avant ſelon la figure de la Contre-danſe. Quelquefois cette figure eſt formée par quatre figurans, & ſouvent par deux ſeulement.

Le Cerceau briſé.

Pour cette figure les Cavaliers tiennent leurs Dames par la main: Deux *vis-à-vis* font un tour par la droite comme de *Grand rond*, les deux autres le font par la gauche, ſe croiſant tous en paſſant deux à deux. Ceux qui ont paſſé par devant, doivent enſuite paſſer par derriere.

Le double Moulinet.

L'exécution de cette figure eſt que les Cavaliers tenant leurs Dames par la main gauche les font avancer au milieu : Elles ſe croiſent en ſe donnant la main droite, & font un tour entier ſans quitter leurs Cavaliers. C'eſt ce qu'on nomme le *double Moulinet* des Dames. Il eſt égal pour les Cavaliers, ſi ce n'eſt que ce font

eux qui doivent être en dedans &
les Dames en dehors.

Voilà toutes les FIGURES dont
on peut se servir dans les Contre-
danses de huit. Comme je ne me
suis proposé en commençant ce
Traité de ne parler que de celles-
ci qui sont les plus ordinaires, je
finis par engager les personnes qui
voudront en faire usage, à ne point
se rebuter par les difficultés appa-
rentes qu'elles trouveront dans
l'exécution de ces différens pas.
Si elles ont affaire à un Maître
éclairé, pour peu qu'elles ayent
du goût pour cet exercice, avec
un peu d'application à l'étude de
ce petit Ouvrage, elles ne pour-
ront manquer d'y faire des progrès.
C'est la seule satisfaction que j'en
espére, & l'unique but que je me
suis proposé en le commençant.
Je me croirai assez récompensé,
si le succès répond à mes intentions.

FIN.

APPROBATION.

Vû le Manuscrit, je n'empêche pour le Roi l'impression. Donné à Angers le 13 Janvier 1763.

Signé, PREVOT, Avocat du Roi à la Police.

Vû ledit Manuscrit & le consentement ci-dessus. Permis de faire imprimer, en se conformant aux Réglemens de la Librairie pour pareils Ouvrages, par moi soussigné faisant les fonctions de Lieutenant général de Police. A Angers ce 14 Janvier 1763.

Signé, GASTINEAU.